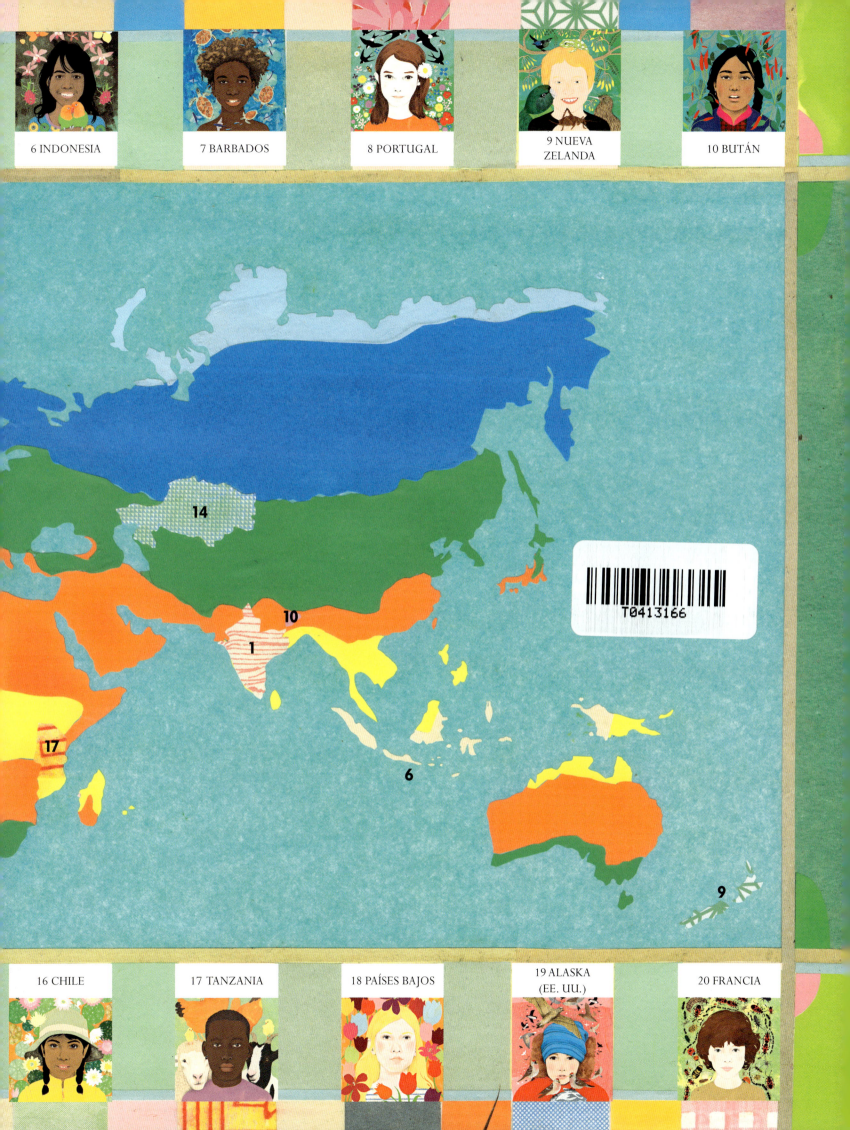

Primera edición: marzo de 2022
Título original: *La Terre est mon amie*

© 2022, de los textos: Maïa Brami
© 2022, de las ilustraciones: Karine Daisay
© 2022, de la edición original: Saltimbanque Éditions
  57 rue Gaston Tessier – 75019 París

© 2022, de la edición en castellano: Zahorí Books
  Sicília, 358 1-A · 08025 Barcelona
  www.zahoribooks.com

Traducción del francés: Amaia Zorriqueta
Corrección: Miguel Vándor

ISBN: 978-84-18830-31-0
DL: B 1126-2022

Impreso en Polonia

Este producto proviene de bosques con certificado PEFC® gestionados
de manera sostenible, material reciclado y fuentes controladas.

Todos los derechos reservados

LA TIERRA ES MI AMIGA

Maïa Brami
Karine Daisay

Ya desde pequeña, sentía mi conexión con el universo. Me encantaba bailar al aire libre, con los pies descalzos sobre la hierba y los brazos extendidos hacia el cielo. Me sentía parte de un Todo que me maravillaba. En aquel entonces, vivíamos al ritmo que marcaban las estaciones y el consumismo, en casas repletas de objetos de plástico.

Algunas décadas más tarde, el ser humano ha abierto los ojos atónito: no, los recursos naturales no son inagotables. Ha vivido durante siglos saqueando el planeta sin detenerse un momento a pensar que formaba parte de él, como las plantas y los animales.

Este proyecto ha nacido en plena pandemia y probablemente esto no sea una coincidencia. Ante el confinamiento impuesto, Karine Daisay y yo decidimos abrir la ventana de par en par y echarnos a volar: se presentaba ante nosotras un viaje fabuloso por todo el mundo, una inmersión en la belleza de los seres vivos, en la riqueza de las culturas. ¿Y sabéis lo que nos encontramos?

¡ESPERANZA!

En todas partes, pequeños y grandes se ponen manos a la obra para hacer brotar iniciativas que nos inspiran. Aprendiendo a vivir en armonía con la naturaleza, cambian las cosas y nos muestran el camino. ¿Y si los seguimos?

/ INDIA /

Un periódico para proteger al rey de los animales

¡Namasté!

Me llamo Yâlhini y vivo en la India, la segunda reserva de la biodiversidad más grande del mundo. Tenemos **parques naturales** inmensos para proteger aves, reptiles y mamíferos. En el Bannerghatta Biological Park, no muy lejos de Bangalore, la capital de Karnataka, los elefantes, leones e hipopótamos viven en **semilibertad**. Por mi cumpleaños, pasamos allí un día en familia. Yo había soñado muchas veces con poder hacer un safari para ver de cerca al rey de los animales: el **tigre de Bengala**.

Una vez en la furgoneta, salimos a su encuentro. El conductor frenó al llegar cerca de un manglar y, allí, emergiendo de las sombras, un enorme ejemplar de tigre macho se acercó al vehículo y se puso a bufar. ¡Cada una de sus patas era del tamaño de mi cabeza! El guía, acostumbrado, nos explicó: «Aquí tenéis al más grande de los felinos. Puede atacar a un **gaur** de una tonelada si tiene hambre. Su único enemigo es el hombre».

Los pasajeros, acurrucados en su asiento, temblaban de miedo. Yo, que estaba fascinada, con la nariz pegada a la ventanilla, me encontré con su mirada. Percibí tristeza. Quería que nos fuéramos, que lo dejáramos tranquilo. «La especie está en peligro de extinción y, sin embargo, algunos vienen a **cazarlos** incluso a las reservas», siguió diciendo el guía. Cuando comprendí que podrían desaparecer, tomé la decisión de **actuar**: mis amigos y yo escribimos y repartimos un periódico para concienciar a la gente. Lo he llamado *El ojo del tigre*. El parque nos ayuda a imprimirlo. Protegiendo a estos magníficos depredadores, también protegemos la selva y todas las vidas que hay en ella.

Parques naturales: abarcan 100 000 km^2 de norte a sur.

Semilibertad: da la impresión de que los animales están en libertad, porque no están encerrados en jaulas. Pero, en realidad, no pueden salir de los parques. Se les vigila y alimenta.

Tigre de Bengala: o tigre indio. Puede llegar a medir hasta 3 m y pesar 250 kg. Es el más común y el que sirve de referencia. Se calcula que quedan 2500 especímenes en estado salvaje en la India, a pesar de que eran 40 000 a principios del siglo xx. Al igual que el león en Occidente, simboliza el poder y la fuerza en Asia. Es el compañero de Durga, diosa hindú de la guerra, madre del universo.

Gaur: buey salvaje indio.

Caza: aunque el tigre es una especie protegida, su piel, sus colmillos y sus zarpas son trofeos muy codiciados. Cuando el cazador mata al felino más grande, se cree invencible.

Actuar: el 29 de julio es el Día Mundial del Tigre. Quedan solo poco más de 3000 en libertad. Con la ayuda del WWF (Fondo Mundial para la Naturaleza), 13 países en los que todavía quedan tigres se han comprometido a conseguir pronto doblar su número.

/BAHAMAS/

¡Se lo debemos todo a nuestro pequeño paraíso!

Hi!

Me llamo Andria. Vivo en Cat Island, una de las setecientas islas de las **Bahamas**. En medio del océano, a veces las aguas se tocan sin mezclarse, creando unos tonos azules maravillosos. Se dice que nuestra isla toma su nombre del pirata William Catt, un amigo del temible Barbanegra. Mis amigos y yo esperamos encontrar su tesoro. ¿Acabará apareciendo a nuestros pies como el delicioso **lambí** que nos trae la corriente?

Después de bañarnos, nos tumbamos en la playa para escuchar la respiración de la isla. Da la sensación de que estamos solos en el mundo; imagínate, ¡hay menos de 2000 habitantes! Se lo debemos todo a nuestro pequeño paraíso y por eso lo protegemos. En el cielo azul no se ve ni un **cirro** blanco de los que anuncian terribles **huracanes**. Debido al cambio climático, en el Caribe son cada vez más frecuentes y violentos: destruyen nuestras casas y lo inundan todo.

Tras el paso del huracán Dorian, la sal del océano se ha colado en todas partes y ahora tenemos que **desalinizar** el agua para poder beber y cocinar. El viento ha destruido las dunas que nos protegen cuando hay tempestades. Para recuperarlas, hemos tenido que ir a buscar **arena** del fondo del mar. Mis compañeros del colegio y yo hemos ayudado a reforzarlas plantando **arroz de costa**; sus briznas parecen plumas al viento, pero, ¡quién lo diría!, hacen milagros. Los huracanes también destruyen los arrecifes y sin ellos, desaparecen los peces. ¡Además, sin arrecifes, las Bahamas tampoco existirían! Por eso, cuando sea mayor, ayudaré a mi tía en su **vivero de coral**.

Bahamas: estas islas están formadas sobre una base de coral fosilizado, calcáreo, que procede de los esqueletos de organismos marinos llamados constructores de arrecifes.

Lambí: especie protegida, es un gran molusco que les encanta a los bahameños. Está prohibido que los turistas se lleven sus conchas de recuerdo.

Cirro: nube blanca en forma de filamento y situada a gran altitud.

Huracán: tempestad tropical muy violenta que surge en el océano. Se desplaza rápidamente y gira sobre ella misma. Los vientos superan los 120 km/h.

Desalinizar: las plantas desalinizadoras filtran el agua para separar la sal y los minerales del agua dulce.

Arena: para extraer arena de una «duna submarina», un barco navega a baja velocidad (entre 2 y 4 km/h) arrastrando una draga succionadora, parecida a un tubo de aspiradora gigante, que escupe la arena aspirada en la cubierta.

Arroz de costa: planta de la familia de las gramíneas (como la hierba de los pastos, las cañas, el bambú y los cereales).

Vivero de coral: se recogen trozos de coral de los arrecifes. Se les deja crecer antes de replantarlos. El coral, un animal vivo, sirve de abrigo a muchas especies marinas. Protege las costas de las olas y las tempestades, y ayuda a regular la temperatura de los océanos.

/ GHANA /
Las bicicletas de bambú nos dan alas

Mma ache!

Me llamo Akoua y vivo en Ghana. Todos mis hermanos y hermanas trabajan en una plantación en Kumasi. Esta «ciudad jardín» alberga 176 especies de árboles, como mangos, guayabos, moringas y árboles del caucho. Pero lo que interesa a mis amigos Zakia y Baako es el **bambú**, la planta que crece más rápido del mundo. Un auténtico milagro que permite reverdecer el país y, sobre todo, fabricar miles de bicicletas ligeras, resistentes y ecológicas.

La contaminación del aire es un problema grave. Hay muchísimos coches, autobuses y un enorme vertedero de residuos electrónicos que no deja de crecer en los **suburbios de Acra**, nuestra capital. Es el lugar más contaminado del planeta. El plomo también contamina la tierra y enferma a los niños que desmontan teléfonos, televisiones y ordenadores con la esperanza de revender algunas piezas reciclables.

Antes tardaba horas en llegar al colegio. Y cuando llegaba tarde, cansada y cubierta de polvo, me castigaban. Ahora, con la bici, ¡parece que tengo alas! Me da tiempo a hacer los deberes y luego ayudar a mi padre en la granja. Aprovecho para recoger **ocra** para que mi madre prepare **ragú** para cenar. Además, ya no tengo que ir a buscar madera para calentarnos, una tarea de la que, en nuestra cultura, nos encargamos las chicas. Ahora Zakia y Baako nos traen sacos de virutas de bambú, que recuperan del suelo cuando las bicicletas ya están construidas.

Cuando voy a toda velocidad por los caminos de tierra, sueño a lo grande: me encantaría inventar la primera bicicleta **biodegradable**. ¿Con qué podría reemplazar el caucho de los neumáticos?

Bambú: planta gigante originaria del sudeste asiático de la que existen cientos de especies. ¡Algunos crecen hasta 1,60 m al día! Cubre el 5% de los bosques ghaneses. Una vez procesado, es más resistente que el acero.

Suburbios de Acra: en Agbogbloshie se encuentra el décimo vertedero de residuos electrónicos más grande del mundo: 50 000 toneladas a lo largo de 10 km.

Ocra: la hortaliza más cultivada en África occidental después del tomate. Sus hojas se comen en ensalada. Con sus granos se elabora una especie de café. También se utiliza como producto de belleza.

Ragú: el estofado de ocra es un plato nacional a base de tomates, pimientos, aceite de palma rojo, cebollas, ajo, jengibre y gombo picado. Se le añade carne, pescado o marisco. ¡No hay que confundirlo con el ragú italiano!

Biodegradable: que se descompone en la tierra gracias a los insectos y las bacterias, sin contaminar.

/ MARRUECOS /

Nuestro pueblo es lo primero

Azul!

Me llamo Naïm y vivo en un pueblo **bereber** del **Alto Atlas** marroquí. Estas montañas son tan altas que, antiguamente, ¡se creía que sujetaban el cielo! Me siento sobre una alfombra bordada, que sueño que echa a volar mientras admiro el valle. Entre las guirnaldas multicolores de la ropa que hay secándose en los tejados, veo a mi padre y a mi tío frente a un té con menta, y contemplo la cuadrícula que forman los campos, el verde claro de los pinos y los cipreses que hemos plantado.

Hoy por hoy, mi pueblo está a salvo. Con la ayuda de los científicos, hemos encontrado soluciones para adaptarnos al **cambio climático**. Ya no tememos al frío espantoso del invierno, al verano seco y abrasador ni a las lluvias que provocan avalanchas de lodo y destruyen nuestros campos y casas.

Para protegernos de las inundaciones, hemos montado una presa de piedra, y para luchar contra la sequía, hemos construido un lavadero nuevo. En su interior, las **microalgas** purifican el agua con detergente, que luego se utiliza para regar los campos de cereales. También hemos montado un invernadero donde crecen tomates, cebollas y garbanzos que evitan que pasemos hambre. Pero, para mí, lo más bonito es ver crecer los abetos en el bosque que hay enfrente. Me siento orgulloso de poder devolver a la naturaleza lo que siempre nos ha dado. Gracias a los árboles, la tierra conserva el agua y se vuelve fértil. ¿El secreto para que crezcan? Hablar con ellos y acariciarlos con la punta de los dedos.

Bereber: pueblo de África del Norte conocido desde la antigüedad. Los bereberes se denominan a sí mismos *amaziges*. Tienen una cultura y una lengua propias.

Alto Atlas: nombre de las montañas más altas de África del Norte, que culminan a 4167 metros y se extienden a lo largo de más de 700 km.

Cambio climático: la acumulación de gases de efecto invernadero en la atmósfera y el aumento de la temperatura del planeta provocan desajustes en el clima.

Microalgas: absorben la polución, lo que permite limpiar el agua. Ocurre lo mismo con otras plantas, como el chopo, que atrapa la contaminación de la tierra en sus raíces.

/ ESPAÑA /
Cambiar nuestros hábitos para vivir mejor

¡Hola!

Me llamo José y vivo en Espejo, en el sur de España. Mi **pueblito blanco** está encaramado en una colina. En la cima, las torres del castillo se recortan sobre el cielo azul. Más abajo, se pueden ver los campos de **olivos** que brillan bajo el sol. Algunos pertenecen a mi familia desde hace generaciones. En otoño, ayudo a mis tíos a recoger las aceitunas con las que se hace uno de los mejores aceites aromáticos del mundo.

Aquí, los habitantes del pueblo y la naturaleza siempre han vivido en armonía. No sorprende que Espejo se haya convertido en un pueblo modelo. Es el primero del país que se ha decidido por el comercio justo. Consumimos de forma inteligente: sabemos que detrás de cada producto hay un ser humano que trabaja en las mejores condiciones y respetando la naturaleza. También apostamos por la comida local. En Navidad, regalamos **torticas caseras** preparadas con nuestras almendras. Y en la escuela, comemos fruta y verdura de temporada cultivada en la zona.

Nuestros balones de fútbol se han fabricado en **Bangladés**, pero conocemos a los artesanos que los han hecho. Durante mucho tiempo, la mayoría de los balones que se vendían en el mundo los cosían a mano niños pakistaníes. Se veían obligados a trabajar en vez de ir al colegio. El sábado, jugamos contra el equipo de Castro del Río y, ganemos o perdamos, les ofreceremos uno de nuestros balones. A ver si así se animan a adoptar nuestra forma de vivir y pensar. La celebración tendrá lugar en el corazón del castillo porque desde allí arriba se puede ver hasta el horizonte: el mundo, el planeta, somos nosotros. Cambiando ciertos hábitos, todos contribuimos a crear un mundo más bello.

Pueblito blanco: hay una treintena de maravillosos pueblos blancos en Andalucía, y se les llama así por el color blanco de sus casas encaladas. Son poblaciones pequeñas, generalmente situadas en zonas de montaña.

Olivos: se cultivan desde hace millones de años y hay más de un millón y medio de hectáreas de estos árboles en Andalucía. Las variedades más típicas son la verdial y la hojiblanca.

Torticas caseras: crocante de Navidad, elaborado con almendras y limón.

Bangladés: país de Asia meridional situado al este de la India.

/ INDONESIA /
¡La basura es un tesoro!

Om Swastiastu!

Soy Melati y vivo en Malang, Indonesia, el archipiélago más grande del mundo (con 17 508 islas). Mi *kampung* (barrio) parece un **batik** gigante. Hace algunos años, los habitantes lo pintaron todo de los colores del arcoíris. Mi casa es de color verde manzana, con el tejado naranja. El barrio se ha convertido en una obra de arte. Nos sentimos muy orgullosos. Es un reflejo de nuestro país, de sus orquídeas, sus **frutas exóticas** o su fauna, como los **inseparables** o la **irena dorsiazul**, nuestros pájaros preferidos del mercado de aves.

Si la gente no tirara su basura por todas partes… Como no hay contenedores, la tiran al río. En Java, las ciudades y las playas están llenas de latas y envases. Por suerte, algunos buscan soluciones. Cerca de mi casa, la clínica Bumi Ayu atiende a las familias gratuitamente, ¡a cambio de que les llevemos nuestra basura! Las cáscaras sirven de abono a los agricultores. El plástico y el metal los compran empresas que los reciclan.

Mi hermana mayor, Ima, cree que el futuro está en el *upcycling*: el arte de crear nuevas maravillas con objetos antiguos o materiales usados y darles una segunda vida, incluso mejor que la primera. Acaba de terminar de tejer un gorro fantástico utilizando dieciocho sacos de plástico. Ahora la estoy ayudando con su proyecto para el instituto: trenzar cestas de papel reciclado, que luego vende en el pueblo con sus amigos. A nuestras familias les hace falta el dinero. Mi tarea: ir de puerta en puerta para recoger periódicos viejos. En definitiva, ¡la basura es un tesoro!

Batik: técnica milenaria de pintura sobre tela, que decora los pañuelos y la ropa con multitud de formas y colores.

Frutas exóticas: durián, carambola, pitaya.

Inseparables: especie de loro avispado, juguetón y trepador que habita en los bosques húmedos tropicales y vive en pareja durante toda su vida.

Irena dorsiazul: ave paseriforme de ojos rojos que habita en los bosques húmedos tropicales. El macho es negro y azul ultramar, la hembra es de color gris azulado. Se alimenta de higos silvestres y del néctar de las flores.

/ **BARBADOS** /
Coches que funcionan con aceite de cocina

Mornin'

Me llamo Michael y vivo en Bridgetown, la capital de Barbados. Los maravillosos olores de la fruta (**pomelos, caña de azúcar y acerolas**) en los mercados, los **fish cakes** a punto de freírse en las tiendas y la brisa del mar inundan las calles. Las palmeras se mecen mostrando el camino hacia la playa, donde trabaja mi padre en un hotel. Los sábados, lo acompaño para hacer surf con los **peces voladores** y las **tortugas**. Después de merendar **cassava pone** y zumo de coco fresco, es la hora de volver. Pero, una vez más, nos pilla un atasco…

Nuestra ciudad debe su nombre al puente que construyeron antiguamente los amerindios. Es el único vestigio que encontraron los colonos ingleses cuando llegaron. Hoy en día, es una de las islas más pobladas del mundo, y cuenta con el mayor número de carreteras asfaltadas del Caribe. Por eso, hay mucho tráfico y la calidad del aire es mala.

Así que en el colegio hemos decidido ponernos manos a la obra: cada alumno recupera el aceite de cocina usado de su casa. A medida que lo vamos recogiendo, vamos llenando bidones. En un año ya hemos conseguido 3000 litros. Un empresario se encarga de transformar el aceite usado en **biocombustible**: se filtra, se lava y se le añade alcohol para eliminar la grasa; luego se mezcla con un poco de **diésel**. Esto permite a los coches circular sin contaminar. Con el dinero que ganamos, nos gustaría poner en marcha una campaña de reciclaje de botellas de plástico. ¿Mi sueño? Que gracias a la campaña se puedan fabricar por fin **tablas de surf** ecológicas.

Pomelo: cítrico originario de Barbados, descubierto alrededor de 1750.

Caña de azúcar: el oro blanco (el azúcar) es la fuente de riqueza del país.

Acerola o cereza bajan: fruta roja anaranjada que crece en arbustos. Especialidad local que se utiliza en recetas dulces y saladas. «Bajan» también es el nombre del idioma de los primeros pobladores de la isla (una mezcla de criollo e inglés).

Fish cake: buñuelo preparado con pez volador y especias.

Pez volador: para evitar que lo atrapen, este pez puede salir del agua y planear durante varias decenas de metros.

Tortuga: hay de tres tipos: la tortuga laúd (la más grande, que puede superar los 700 kg), la tortuga carey y la tortuga verde. Todas están protegidas desde 1998.

Cassava pone: galleta esponjosa elaborada con yuca, coco, uvas y canela.

Biocombustible: combustible fabricado con materias vegetales (remolacha, caña de azúcar, trigo, etc.).

Diésel: combustible fabricado con petróleo.

Tabla de surf: fabricada desde la década de 1950 con plástico y fibra de vidrio. Cada tabla genera dos veces y media su peso en residuos que son imposibles de reciclar.

/ PORTUGAL /
Convertir las aceras en jardines

Olá!

Soy Clara y vivo en Lisboa, en el barrio de Alcântara. Cuando paseo a mi perro **Fado** —se llama así por su forma de aullar por la noche a la luna— por el jardín botánico de **Ajuda**, me parece como si viajara en el tiempo: es un lugar mágico. Allí, los príncipes portugueses estudiaban las plantas poco comunes que traían nuestros navegantes y allí se pavonean los pavos reales bajo el **drago** de Madeira. ¡Deberían ser un poco más humildes ante ese sabio de casi trescientos años!

En la capital hay 120 tipos de árboles diferentes y se crean nuevos parques para proteger la **biodiversidad**. Incluso el tejado de mi edificio está rodeado de vegetación y yo puedo ver las viñas desde mi ventana. Cuando escucho a los pájaros desde mi habitación, me parece como si estuviera en el campo en vez de en la ciudad más grande de Portugal. Mis padres sonríen cuando ven **golondrinas**; se habían ido por la contaminación. El fin de semana vamos a comer *bacalhau* (bacalao) a la ribera del **Tajo** y todo el mundo se sorprende porque cada vez hay más peces. Si el agua se mantiene limpia, de aquí a diez años debería haber tantos como antiguamente.

Junto a nuestros vecinos, hemos plantado **semillas de flores silvestres** a los pies de los árboles de la calle. Será todo un festival de colores y olores, pero, sobre todo, volverán los insectos y, ¿quién sabe?, igual nuestros nuevos vecinos de acera son una familia de erizos. Mientras tanto, las riego un poquito cada día con el agua de lluvia que recojo en una regadera en nuestro balcón.

Fado: canto típico portugués que surgió en el barrio de Alfama, en Lisboa.

Ajuda: primer jardín botánico creado en Portugal en el siglo XVIII sobre los terrenos del palacio de Ajuda. Cuenta con más de 5000 especies de plantas del continente y de los territorios de ultramar.

Drago: también se le conoce como el «árbol del dragón" por su savia roja traslúcida, a la que se le atribuían virtudes mágicas. Se planta en Lisboa desde el siglo XV.

Biodiversidad: la diversidad de todas las formas de vida presentes en la Tierra y su interacción (los pájaros se comen las orugas que se comen las hojas, etc.).

Golondrina: «andorinha» en portugués. Simboliza el amor, la lealtad, la familia y el hogar.

Tajo: río de 1038 km que nace en España y desemboca en el océano Atlántico. Ahora está prohibido que las fábricas viertan sus residuos en él.

Semillas de flores silvestres: mezcla de flores anuales (perennes, gramíneas y especies regionales).

/ **NUEVA ZELANDA** /
Jóvenes héroes de la naturaleza

G'day! Kia ora!

Me llamo Fin y vivo cerca de Auckland, en Nueva Zelanda (Aotearoa), el país de los maoríes y de los **kiwis**. A no ser que vayas a una reserva, tienes pocas posibilidades de ver este **manu**. Los kiwis son miedosos y nocturnos. Es inútil buscarlos en los árboles, viven en el suelo porque no saben volar. Esto ocurre con muchas de nuestras aves que anidan en la hierba.

Hace millones de años, nuestro territorio se separó de **Gondwana**. En aquella época, no había mamíferos depredadores como la rata o el gato, lo que permitió al **pekapeka**, al **kākāpo** y a otros animales de nuestro país desarrollarse sin miedo. Pero hoy, nuestro *taonga* (tesoro) se ve amenazado por los **pósums**: hay tantos en la isla como ovejas y personas juntas y se comen todo lo que encuentran a su paso.

Nuestros vecinos acaban de instalar trampas en su jardín. Para saber si también las necesitamos, hemos decidido hacer de detectives. Como si fuéramos *rangers*, mi hermana Willow y yo hemos construido cada uno un tubo triangular de cartón. Dentro hemos colocado un sistema para tomar las huellas de los animales que entren, atraídos por la mantequilla de cacahuete. ¡Abundan las ratas, los **wetas** y los erizos! Es muy fácil de preparar, solo hace falta una hoja de papel y una almohadilla de tinta (como las de los tampones) sobre la que ponemos el cebo. Yo he escondido mi tubito bajo el viejo **kowhai**. Willow ha colocado el suyo junto al enrejado. Mientras tanto, aprendemos a reconocer los excrementos y las huellas para convertirnos en *rangitahi* (jóvenes héroes de la naturaleza).

Kiwi: palabra maorí para referirse a un tipo de ave, a una fruta originaria de este país y también a los propios habitantes de Nueva Zelanda, apodados cariñosamente «kiwis».

Manu: «pájaro» en la lengua de los maoríes.

Gondwana: supercontinente que existió hace millones de años y que se fragmentó dando lugar a nuevos bloques, como África, Australia, Sudamérica, la Antártida...

Pekapeka: «murciélago» en maorí.

Kākāpo: «loro nocturno» en maorí. También llamado loro búho. Es el único loro del mundo que es nocturno y no vuela. Puede llegar a medir 60 cm y pesar 4 kg. Su pelaje es amarillo verdoso jaspeado. Los gatos, las ratas y los armiños son sus enemigos. Está protegido porque está en peligro de extinción.

Pósum: pequeño marsupial australiano introducido en Nueva Zelanda en el siglo XIX. Es una amenaza para los bosques y las especies locales: come hojas, flores, frutas, huevos, aves, insectos y caracoles. Hay unos 30 millones de pósums, es decir, dos veces menos que en la década de 1980.

Weta: «dios de las cosas feas» en maorí. Uno de los insectos más grandes y pesados del mundo. Parecido a un saltamontes grande.

Kowhai: árbol de Nueva Zelanda con bellas flores amarillas.

/ BUTÁN /
Hemos descubierto la clave de la felicidad

Kuzu zangpo!

Me llamo Sonam y vivo en Trongsa, un pueblito de Bután, el país más ecológico del planeta. Nuestro **reino** está situado en lo alto del Himalaya, entre la India y China. Nuestros monasterios y fortalezas parecen suspendidos entre el cielo y la tierra. Los **bosques**, protegidos de por vida, se extienden hasta donde alcanza la vista.

Para ser feliz no hace falta mucho, simplemente hay que vivir en armonía con la naturaleza. Si no podemos hacer nada contra el deshielo de los glaciares, por lo menos podemos evitar **contaminar**. En nuestras ciudades, la mayoría de los coches son eléctricos (el agua de los lagos y los ríos permite producir **electricidad**) y nuestras verduras (pimientos, coles, patatas…) son ecológicas.

He aprendido todo esto en mi «escuela verde». La llamamos así porque por la mañana ejercitamos el cerebro con las clases habituales (matemáticas, **dzongkha**…) y por la tarde nos ocupamos de las plantas del patio del colegio. Las podamos, las regamos y admiramos el milagro de la vida: no hay nada más bello que un brote de magnolia abriéndose. Más que a aprender, el colegio nos ayuda a desarrollarnos. No competimos entre nosotros. La idea del éxito se ha reemplazado por la de la **felicidad**. En clase hablamos de valores importantes: escuchar a los demás, respetarlos, ayudarlos. Proponemos ideas para mejorar el día a día del pueblo. **Meditamos** juntos. Después de clase, me reúno con mi familia en el campo y me pongo las botas comiendo **chhurpi**. Ayudo a mis hermanos y hermanas a recolectar los pimientos rojos para ponerlos a secar en el tejado de nuestra casa. Por la noche, en cuanto me meto en la cama, me quedo dormido encima del libro… ¡con una sonrisa!

Reino: en Bután reina Jigme Khesar Wangchuck desde 2008.

Bosques: abarcan el 70 % del país. En 2015, se plantaron 49 672 árboles en una hora. Este logro figura en el Guinness de los récords mundiales.

Contaminar: este es el único país del mundo con una huella de carbono negativa. Absorbe tres veces más CO_2 del que emite a la atmósfera.

Electricidad: la energía es 100 % hidráulica y, por lo tanto, renovable. El país produce tanta que vende más de la mitad a la India.

Dzongkha: idioma nacional.

Felicidad: Bután ha inventado la idea de la Felicidad Nacional Bruta. El rey actual la ha integrado en la Constitución. Todos tienen derecho a la felicidad y el bienestar de las personas está por delante del desarrollo económico del país (Producto Interior Bruto).

Meditar: nos ponemos cómodos, nos concentramos en la respiración y pensamos en cosas que nos sientan bien. ¡La meditación relaja nuestra mente!

Chhurpi: queso de leche de dri (hembra del yak) en forma de cubitos. Lo secan dispuesto en guirnaldas en las ventanas de las casas. A los butaneses les vuelve locos.

/ TEXAS (ESTADOS UNIDOS) /
Ciervos en el colegio

Hi!

Me llamo Mike y vivo en Omaha, una pequeña ciudad del estado de Texas. Hace dos siglos se conocía como el **Salvaje Oeste**, y sigue siendo salvaje. El domingo, vi una terrible serpiente **mocasín acuático** flotando en el agua cuando fui a pescar con mi padre. Es el tipo de serpiente con el que temían toparse los caballos y vaqueros.

Nuestro inmenso Estado está repleto de especies de animales y de plantas locales poco comunes, como el armadillo, la lagartija cornuda y el **cactus roca viva**, que crece en horizontal a ras del suelo. Algunos están protegidos (como el bisonte, el puma, el **borrego cimarrón** y la mariposa **monarca**) porque corren el riesgo de desaparecer. Si la caza forma parte de nuestro modo de vida, la protección de la naturaleza debe ser lo primero.

En el enorme campo que hay detrás del colegio, estamos construyendo un refugio para los **ciervos cola blanca**. Esta semana hemos empezado a plantar pinos, robles y **pacanos**. Tengo muchísimas ganas de que crezcan tanto como en el proyecto que he diseñado. A todos los alumnos les ha gustado el pabellón que he propuesto. Se construirá en el centro, con madera recuperada de las granjas cercanas. Habrá un camino que llegará hasta él. Será el lugar ideal para observar el ir y venir de los animales. Ya puedo sentir el viento en las hojas, el canto del **sinsonte norteño** y, escondida entre las ramas y observándome, una familia al completo: ciervo, cierva y un cervatillo moteado con la cola blanca. Hasta que el sueño se haga realidad, ya hemos decidido que les daremos maíz silvestre para ayudarlos a soportar el frío del próximo invierno.

Salvaje Oeste: fue en el «Salvaje Oeste» donde los europeos que fueron a vivir a América lucharon contra los indios para conquistar sus territorios.

Mocasín acuático: en Texas hay un centenar de especies de serpientes. Las serpientes de cascabel y las mocasín acuático son las más peligrosas.

Cactus roca viva: en vez de crecer hacia el cielo, se extiende por el suelo formando una especie de rosa. En otoño, se le puede descubrir por sus grandes flores rosas y violetas.

Borrego cimarrón: pertenece a la misma familia que la oveja, pero es una vez y media más grande. Los machos tienen cuernos en espiral que pueden llegar a pesar más de 6 kg cada uno.

Monarca: mariposa naranja y negra, de unos 10 cm. En septiembre y en marzo se ven por miles en el cielo texano. Viajan de Canadá a México. Son víctimas de los pesticidas, que matan su planta favorita, la asclepia.

Ciervos cola blanca: habitan en todos los Estados Unidos, pero en Texas es donde más hay (superan los 4 millones).

Pacano: o nogal de pecán, símbolo de Texas. Sus frutos se llaman también pacanos o nueces de pecán. El nombre proviene del algonquino, hablado por el pueblo amerindio del mismo nombre.

Sinsonte norteño: ave cantora gris, negra y blanca, típica de Texas. Es capaz de imitar el canto de otras aves.

/ ITALIA /
Del residuo cero a la comida *gourmet*

Buongiorno!

Me llamo Enzo y vivo en Milán, capital de la región de Lombardía y segunda ciudad más poblada de Italia. Desde que en el **colegio** aprendemos ecología, sé que es fácil cuidar el planeta. Solo hay que entender que formamos parte de la naturaleza como las plantas y los animales.

En mi ciudad, somos, somos expertos en la **separación de residuos**. Incluso hemos inventado una **bolsa de basura biodegradable** para los restos orgánicos: cáscaras de fruta, verduras, cáscaras de huevo, posos de café, etc. Después, solo hay que tirarla al contenedor *umido* (el depósito de compostaje del edificio). También los hay por todas las esquinas. En la parte superior pone: «¡Diez toneladas de residuos orgánicos permiten abonar un campo de fútbol!». Estimulante, ¿verdad?

Pero todavía hay más. A partir de ahora, en vez de tirar los restos de comida, los llevamos al **Refettorio**, donde un equipo de cocineros los transforman en comida deliciosa para los sin techo y otras personas necesitadas. ¿Por qué comer bien debería estar reservado para los que tienen dinero? En un taller del Refettorio me enseñaron a preparar un *risotto* de ortigas y ajo de oso, plantas silvestres comestibles que todos podemos encontrar en la naturaleza.

Me gustaría que, para llegar al objetivo de **«residuo cero»** en el colegio, tuviéramos un gallinero en el patio, como es habitual en Bélgica y en otros países. Las gallinas disfrutarían de los restos del comedor y ¡tendríamos huevos frescos!

Colegio: desde 2020, Italia es el primer país del mundo que ha impuesto la ecología como asignatura obligatoria en los colegios públicos.

Separación de residuos: los cinco tipos de contenedores de la ciudad permiten separar: los residuos no reciclables, el plástico y el metal, el vidrio, el papel y cartón y los residuos orgánicos.

Bolsa de basura biodegradable: fabricada en plástico biodegradable y compostable. Se compone de almidón y aceites vegetales. La recogida de residuos de cocina ya ha superado el 50 % en Milán, es decir, los 90 kg por habitante y año. Las bolsas de la compra, fabricadas igualmente en bioplástico, se utilizan como bolsas de basura.

Refettorio: creado en 2015 por el chef Massimo Bottura, con estrella Michelin. Es un puente cultural para conectar a las personas y devolverles su dignidad. Sus estancias las han diseñado y decorado artistas. Ya se han abierto otros restaurantes solidarios como el Refettorio Felix, en Londres, y otro en París, en la cripta de la iglesia de la Madeleine.

Residuo cero: es una aspiración difícil de conseguir. Pero si cambiamos nuestros hábitos, podemos reducir nuestros residuos: comprar ciertos productos a granel, fabricar nuestro propio jabón para evitar los envases de plástico, hacer compost, reciclar la ropa, etc.

/ ALEMANIA /
Abejas en el hotel

Hallo!

Me llamo Lore y vivo en Amberg, en la región de Baviera. En Alemania, el país de la **abeja Maya**, esta dorada y negra recogedora de néctar es nuestro insecto favorito. Igual porque tenemos más de 150 especies diferentes de abejas o porque, sin esta maga que **poliniza** las flores, no tendríamos casi ninguna fruta ni verduras. Para mí, es un pequeño trocito de sol zumbador que da vida al jardín. Además, por la mañana, ¡no hay nada mejor que una tostada con miel!

El problema es que la mitad de las abejas silvestres podrían desaparecer. La mayoría anidan en el suelo, y los **pesticidas** que se utilizan en los campos las matan en masa. Así que todo el país ha decidido salvarlas. ¿Cómo? Instalando colmenas por todas partes. En la ciudad, se colocan en los balcones, en los tejados de los hoteles… ¡incluso hay una en el aeropuerto de Hamburgo! También se puede alquilar anualmente una colmena, de la que se ocupa un apicultor que te pone la miel en un tarro. Hasta el **Bundestag** tiene una, ¡que produce casi 100 kilos de **Bundestagblüte** al año!

Durante el otoño, para ayudar a salvar a mis amigas he plantado semillas de flores silvestres azules, violetas y amarillas, que son sus colores favoritos. A partir de abril, podrán disfrutar de los dientes de león, los ranúnculos, las achicorias y las salvias. Hasta entonces, pasarán el invierno calentitas en nuestro **hotel de insectos**: en cada planta hemos creado pequeñas habitaciones para que puedan reproducirse e hibernar. Aunque algunas abejas solitarias prefieren una estera de junco enrollada, otras se refugian en la madera seca con agujeros. ¡El refugio tiene capacidad para más de una docena de insectos diferentes!

Abeja Maya: desde su publicación, en 1912, el libro infantil de Waldemar Bonsels protagonizado por esta abeja ha sido un gran éxito mundial. En él, el autor refleja todo su amor por la naturaleza.

Polinización: cuando liban el néctar de las flores, las alas de los insectos se cubren de polen. Cuando se posan en otra flor, el polen se desliza hacia el corazón de esta y la fecunda. De ahí surge una semilla que se convierte en una fruta o una verdura.

Pesticidas: son productos que se rocían en los campos sobre las verduras y frutas para evitar que les salgan hongos o prosperen las malas hierbas y ahuyentar a los insectos. Al filtrarse en la tierra, contaminan los ríos y, por consiguiente, los peces y las aves.

Bundestag: es el Parlamento alemán, formado por las diputadas y los diputados que votan las leyes. Tiene su sede en el edificio del Reichstag, en Berlín.

Bundestagblüte: esta miel procede de tres enjambres que viven en la colmena instalada en el patio del edificio del Bundestag. El dinero recaudado con su venta permite financiar proyectos para la protección de las abejas.

Hotel de insectos: refugio de madera que tiene forma de casita. El techo protege a los insectos de la intemperie. Debe estar elevado unos 30 cm y orientado al sur, de cara al sol.

/ KAZAJISTÁN /

¿La energía del futuro? Un juego de niños

Sálem!

Me llamo Dana y vivo en una de las capitales más jóvenes del mundo, **Nur-Sultán**. Aquí hay edificios de formas increíbles, como el **Museo de la Energía del Futuro**, la esfera de cristal más grande del planeta. En mi ciudad, como en el resto de **Kazajistán**, hace mucho sol durante todo el año, unas 3000 horas al año, y el viento sopla constantemente. Es un clima ideal para aprovechar la energía solar y la **eólica, energías renovables**, es decir, inagotables y no contaminantes.

Es una suerte, porque poco a poco debemos reemplazar el **carbón** que utilizamos para la calefacción y la iluminación. En Nur-Sultán, se están construyendo invernaderos gigantes que funcionarán gracias a **paneles solares** inmensos. En su interior crecerán frutas, verduras y plantas aromáticas. Dentro de poco, también habrá un invernadero en nuestro patio, porque tengo la suerte de asistir a una **escuela piloto**. En invierno aprovecharemos su calor (la temperatura puede bajar a 40 °C bajo cero) y cuando llegue el verano, será un climatizador ideal. De momento, la máquina que nos ayudará a construirlo está expuesta en el patio junto con otros inventos inspiradores.

Ahora nos toca jugar a los aprendices de investigadores. Cada alumno ha traído algo (tapones, botellas, cartón, palillos…) con lo que fabricar un objeto, y tendremos que intentar que funcione con energía renovable. No será fácil, pero quedan varios meses por delante y los mayores nos ayudan en el taller. Ahora espero los martes con impaciencia para trabajar en el proyecto con mi hermano Iván.

Nur-Sultán: situada en el norte del país, es la capital, fundada en 1998.

Museo de la Energía del Futuro: originalmente, era el pabellón construido para la Exposición Universal de 2017 (llamado *Nour Alemme*, la luz del mundo).

Kazajistán: país de Asia central, cinco veces más grande que España. Antiguamente vivían allí pueblos nómadas. Allí conviven 125 grupos étnicos diferentes. Su riqueza procede de la tierra, que atesora carbón, petróleo y gas.

Paneles solares: estos paneles captan la luz y la transforman en electricidad.

Eólica: el viento hace girar unas hélices inmensas que producen electricidad.

Energías renovables: son cinco: solar, eólica, hidráulica (el agua de las presas hace girar las turbinas que producen la electricidad), geotérmica (se aprovecha el calor de la tierra) y biomasa (la madera, la corteza, el compost y los excrementos de los animales también permiten generar energía).

Carbón: energía fósil, como el gas natural o el petróleo, creada por la descomposición de las plantas en la tierra durante millones de años. Su uso provoca el calentamiento global y los gases de efecto invernadero que son una amenaza para la vida en la Tierra.

Escuela piloto: escuela elegida para probar nuevos métodos pedagógicos (nuevas formas de aprender a leer, por ejemplo) o sistemas innovadores (comedores con residuo cero, huertas en el patio, etc.).

/ **GUAYANA FRANCESA** /
Los guardianes de la Amazonia

Bonjour!

Me llamo Kylian y vivo en Guayana Francesa, en Maripasoula. Es el hogar de brasileños, criollos, **negros cimarrones** como yo y amerindios, los habitantes más antiguos del país. A lo largo de los siglos, para conservar su modo de vida, se han refugiado en el corazón de la **Amazonia**. Junto a otros estudiantes, salgo al encuentro de los **wayanas**. Su aldea está a dos horas en piragua. ¡Menuda suerte poder descubrir su cultura y penetrar en la selva más grande del mundo! Y precisamente yo, que estoy fascinado con la leyenda del hombre jaguar.

El jefe de la aldea y su hija Yakapin me esperan delante del **tukuchipan**. Ella me ofrece una torta de yuca y me enseña la **carbet**, donde duerme en una hamaca sobre el suelo, lejos de las serpientes y las arañas viuda negra. Su hermano mayor, Aiku, fabrica **katalis** que vende a los turistas. Utilizan este dinero para comprar gasolina. Su padre necesita una lancha motora para ir a recoger yuca, ya que las plantaciones están cada vez más lejos de la aldea. Antiguamente, los wayanas eran nómadas, se trasladaban cuando la tierra ya no daba más alimentos. Aquí el suelo se agota rápidamente. Pero ahora que el colegio francés es una estructura permanente, ya no se trasladan. A Yakapin le preocupa su futuro: el bosque desaparece debido al tráfico de **maderas tropicales** y los peces mueren por culpa de los buscadores de oro que contaminan los ríos con mercurio.

Al adentrarnos en la selva húmeda y exuberante, escuchamos los terribles gritos del mono aullador. «¡Esta **ceiba** es tan antigua como mi pueblo!» comenta Yakapin orgullosa mientras trepa por un árbol gigantesco cubierto de lianas. Ella y su pueblo son los guardianes de un tesoro mundial que hay que proteger, cueste lo que cueste.

Negro cimarrón: descendientes de los esclavos procedentes de África.

Amazonia: selva tropical de América del Sur que se extiende por nueve países, sobre todo por Brasil. Con más de 390 000 millones de árboles y centenares de miles de especies, es la mayor reserva de la biodiversidad del mundo.

Wayanas: indios de los grandes bosques. Uno de los seis pueblos amerindios que subsisten en Guayana de la cincuentena que había en el siglo xv. Contando a las comunidades de Brasil y Surinam, solo quedan 800.

Tukuchipan: carbet (un tipo de vivienda) colectiva de forma circular, en la que se celebran las fiestas o se recibe a los visitantes.

Carbet: casa tradicional rectangular elevada. El techo es de hojas de palma o de chapa. Cada familia suele tener dos, una para cocinar y la otra para dormir.

Katali: cesta tejida con plantas (palmeras, lianas), utilizada para transportar yuca, alimento básico de los wayanas.

Maderas tropicales: el ipé, un árbol brasileño muy resistente, se tala para hacer parqué o muebles de jardín en los Estados Unidos y Europa. La tala de un árbol supone la desaparición de la vida que alberga y de la que está a su alrededor (plantas, insectos, animales).

Ceiba: árbol tropical gigante que puede alcanzar los 70 m de altura. Su tronco está salpicado de espinas enormes. Es un árbol sagrado en África, América del Sur y el Caribe. Se le atribuyen poderes mágicos. Su corteza alivia el dolor de muelas.

/ CHILE /
El milagro de los atrapanieblas

¡Buenos días!

Me llamo Aurora y vivo en Chañaral, Chile. Aquí comienza el desierto de Atacama, el más seco del mundo, con paisajes de arena y **sal**. Los peñascos esculpidos por el viento a veces parecen siluetas, como la de **Las tres Marías**, en el **valle de la Luna**. Pero el milagro de la vida se produce gracias a la camanchaca matinal, una neblina densa que se genera cuando el aire frío del océano se encuentra con el calor del desierto. Mis antepasados, los indios kunza, ya sabían cómo recuperar el agua de los Andes cercanos. Cultivaban maíz, patatas y habas.

Pero, con el paso de los siglos, las lluvias son cada vez más escasas y hay sequía. Solo crecen miles de cactus: con sus pinchos absorben las gotitas de agua de los **estratocúmulos**. En ellos se han inspirado los científicos para fabricar los **atrapanieblas**: grandes redes rectangulares de nailon que retienen el agua de la camanchaca. Desde que se han instalado, podemos volver a cultivar (tomates, aloe vera) y mis padres han empezado con la cría de salmones. En el futuro, en caso de necesidad, nos permitirán beber y lavarnos, como ya ocurre cerca de mi casa, en el Centro de **Alto Patache**.

Esta mañana, he ido a ayudar a repintar de negro los tanques donde se almacena el agua que recogen las redes. Debido al sol, la pintura empieza a agrietarse en ciertos lugares y, si pasa la luz a través de ellos, pueden crecer algas.

Sal: en la región de Atacama hay inmensos lagos de sal (salar) que tienen hasta 900 m de grosor en algunas zonas.

Las tres Marías: estos peñascos son famosos porque parecen tres siluetas de mujeres.

Valle de la Luna: este lugar formado por cañones y barrancos parece la Luna. Forma parte de la reserva nacional Los Flamencos. Allí se extraen sales minerales (magnesio y litio) que se exportan a todo el mundo.

Estratocúmulos: nubes oscuras y redondeadas que forman ondas o líneas en el cielo. Son de baja altitud (entre 500 y 2500 m) y tienen un espesor de 600 m. Suelen tener una apariencia amenazante, pero rara vez provocan lluvias.

Atrapanieblas: red de 4 m² instalada a 3 m del suelo y de cara al viento. El agua absorbida (entre 7 y 14 litros al día) se recoge en un tanque (depósito) gracias a un canalón. Se filtra y se trata según sea necesario.

Alto Pataches: centro de investigación creado en 1998, especializado en la tecnología de los atrapanieblas. Este lugar, aislado en el desierto, es autosuficiente en agua y energía gracias a dos redes y a la energía solar.

/ TANZANIA /
Dejadnos madurar a la sombra de las aulas

Karibu!

Me llamo Shangwee y vivo en Tanzania, en la aldea de Kambi ya Simba (el campamento de los leones). Yame, nuestro sabio de ciento un años, recuerda haber visto de niño a los grandes felinos merodeando por las cabañas. Más abajo, en el **gran valle del Rift**, el inmenso **lago Manyara** parece un espejo.

En mi país, la vida depende de la tierra: el ocre rojizo se pega a la piel y recubre nuestros pies. Durante generaciones, hemos vivido en armonía con la naturaleza. Cada uno tenía su gallinero, su campo de maíz y su abono. El ganado es, de hecho, parte de la familia. Por la noche, las ovejas, las cabras y los cerdos duermen en la estancia que utilizamos de salón. Desde que las *mvuli* (temporada seca) duran tanto, el río Seay decrece y los campos no nos dan lo suficiente para comer. Mis hermanas Rebeka y Lucy tienen que ir a buscar agua a casi 8 km y a menudo a pie, llevando **galones** en equilibrio sobre la cabeza. A veces, nos tenemos que conformar con una ración de **ugali** al día.

Para combatir la sequía, en el colegio ya hemos plantado 20 000 árboles: regeneran la tierra, agotada después de que se haya cultivado tanto. También hemos aprendido a recuperar cada gota de lluvia en cubos o instalando canalones en los tejados. El año que viene espero poder entrar en Secundaria. **Estudiar** sale muy caro, pero así podré ayudar a mi aldea a modernizarse y a adaptarse a la sequía. Mis padres han comprendido que somos sus frutos para el futuro; en lugar de recolectarnos verdes, nos tienen que dejar madurar a la sombra de las aulas.

Gran valle del Rift: está considerada la cuna de la humanidad, la región donde probablemente surgió nuestra especie.

Lago Manyara: situado en el norte de Tanzania, abarca 230 km². Está rodeado de sabana por el este, de selva seca por el sudoeste y de selva tropical por el noroeste.

Galón: las niñas transportan medio galón (poco más de 2 litros) y, cuando ya son adolescentes, hasta un galón y medio (casi 7 litros).

Ugali: papilla a base de harina de maíz.

Estudiar: para ir a secundaria, hay que pagar 20 000 chelines (unos 17 euros) de tasas de inscripción, además de 36 kg de maíz y 13 kg de alubias por trimestre.

/ PAÍSES BAJOS /
¡A pescar plástico!

Hallo!

Me llamo Emily y vivo en Ámsterdam, la capital de los Países Bajos. Se la conoce como la «Venecia del Norte» por sus más de 100 kilómetros de canales, atravesados por un millar de puentes que comunican más de 90 miniislas. Antiguamente, la comida, el carbón y las especias llegaban en barco desde todo el mundo. Hoy en día, sigue habiendo mucho tráfico: barcazas, el servicio postal, el **Floating Dutchman** y transbordadores, en los que monto con mi bici para ir a visitar a mis abuelos.

Pero, con el paso del tiempo, nuestra ciudad robada a la naturaleza (construida en gran parte sobre **pólderes**) se ha convertido en un auténtico vertedero flotante: botellas, latas y bolsas van a la deriva frente a los tulipanes del **Bloemenmarkt**. Se enganchan a las ramas de los sauces llorones y estorban a los ánades reales y a las focas antes de llegar al mar del Norte.

Gracias a **Plastic Whale**, la limpieza se ha convertido en algo divertido: salimos en familia para pescar residuos. Sus **barcas** están fabricadas con objetos encontrados en el agua. Con mi hermano mayor, Hendy, jugamos a ver quién recupera más. Cuando nos encontramos con otros «pescadores», comparamos riendo nuestros botines. Si conseguimos cierta cantidad, podemos ganar premios. Mi ilusión sería ganar un **wasteboard** de colores.

En nuestro barrio tenemos nuestra propia moneda: cada semana, recibimos fichas por nuestros residuos plásticos. ¿Adivináis de qué están hechas? ¡De plástico reciclado! Nos sirven para comprar el pan o hacer la compra en la tienda. Aunque no es de extrañar en un país ¡que creó la primera **Bolsa** en el siglo XVII!

Floating Dutchman: autobús turístico anfibio que se transforma en barco.

Pólder: terreno situado bajo el nivel del mar que se seca para poder convertirlo en terreno edificable.

Bloemenmarkt: el mercado de flores, instalado en uno de los canales más antiguos de la ciudad. Durante mucho tiempo fue un mercado flotante. Los vendedores amarraban sus barcos en la ribera.

Plastic Whale: «ballena de plástico» en inglés. La compañía creada hace diez años podría llegar a morir de éxito: cada vez hay menos residuos en los canales. Sin embargo, la idea está conquistando el resto del mundo.

Barcas: para fabricar una hacen falta 8000 botellas de plástico reciclado.

Wasteboard: monopatín fabricado con tapones de botellas de plástico.

Bolsa: lugar donde se negocia el valor de las mercancías y las monedas.

/ ALASKA (ESTADOS UNIDOS) /

SOS: polluelos en peligro

Hi!

Me llamo Joshua y vivo en Anchorage (Dgheyay Kaq' en **dena'ina**), la ciudad más grande de **Alaska**. A un lado, el océano, los icebergs y las ballenas, y al otro, glaciares inmensos que van desde el blanco deslumbrante al dorado. El sol tarda horas en salir y en ponerse. Además, en verano, casi nunca se pone.

Esta zona es salvaje y polar: el 95 % del territorio está deshabitado. Nuestros vecinos son los osos *grizzly* y los alces. A menudo nos cruzamos con renos por la carretera. También hay miles de pájaros, de los menos comunes del planeta, como el zarapito del Pacífico o el ánsar emperador. En las islas Pribilof, hay tantos por centímetro cuadrado que apenas se ven los acantilados: existen dieciséis especies de **álcidos**, como el mérgulo mínimo y el alca unicórnea.

Hasta hace poco, quería ser **ornitólogo**, pero, desde que el mes pasado encontré diez polluelos de **pardillo sizerín** que se habían caído del nido, me planteo ser veterinario. En **BirdTLC** me explicaron cómo cuidarlos: los primeros días, tuve que alimentarlos con una pipeta ¡cada cuarto de hora! Incluso para mis padres era complicado hacerles abrir su pico minúsculo. Comprobar si han tragado es sencillo, se puede ver la comida a través de su vientre. Al cabo de tres semanas, los pudimos poner en libertad. Cuando echaron a volar, me sentí al mismo tiempo contento y un poco triste, como si hubiera perdido unos amigos.

Desde el centro, se nos propuso entonces convertirnos en familia de acogida. Mis padres y yo vamos a seguir un programa especial y, ¿quién sabe?, igual la próxima vez podemos dar refugio a un búho herido o a un águila real.

Dena'ina: «el pueblo», palabra que se refiere a los primeros habitantes del centro sur de Alaska y a su idioma. Viven allí desde hace miles de años. Hay una veintena de idiomas de tribus locales.

Alaska: el 49.º Estado de los Estados Unidos y el más grande. Nuestra bandera la diseñó un adolescente de trece años en 1927 para un concurso. Dorada sobre fondo azul, representa la constelación de la Osa Mayor y la Estrella Polar.

Glaciar: en Alaska se encuentran la mitad de los glaciares del planeta. El glaciar Exit está a solo tres horas de Anchorage.

Álcidos: familia de aves de los mares boreales que bucea con la ayuda de sus alas.

Ornitólogo: especialista en aves.

Pardillo sizerín: ave paseriforme con plumas de color rojo intenso en la cabeza. Vive en los bosques y se alimenta de brotes y semillas de abedul. Le encanta bañarse en la nieve: a veces cava en ella un hoyo y pasa la noche allí.

Bird TLC: Anchorage Bird Learning and Treatment Center. Centro de cuidados de aves silvestres heridas y, al mismo tiempo, centro educativo para aprender a protegerlas y comprender su importancia en la naturaleza.

/ FRANCIA /
¿Y si la naturaleza recuperara sus derechos?

Bonjour!

Soy Émile y vivo en el sur de Francia, en Valence. En la zona donde habito, se están resilvestrando cada vez más bosques: los árboles crecen a su ritmo, no los talamos. La **madera muerta** es tan valiosa como un árbol vivo porque sirve de refugio para las ardillas, las **aves nidificantes**, las bacterias que la transforman en humus y, desde luego, para mis amigos los insectos.

Me encanta observar y dibujar insectos. Lleno cuadernos y cuadernos. Todo empezó con las hormigas de mi jardín. Mis favoritas son las **madereras**. ¡Qué felicidad dormirse en verano al son del canto de los grillos y las cigarras! ¿Y qué me dices de las luciérnagas? Parece que indican el camino a un tesoro. Como me ven tantas veces tumbado en la hierba con una lupa, mis padres cada vez cortan menos el césped. También han decidido no utilizar productos tóxicos contra el pulgón, ¡ya se encargan las mariquitas y los **zapateros**!

Y lo que es mejor, los he convencido para que me cedan un trocito de jardín, solo para mí. ¿Cómo lo cuido? ¡No haciendo nada! ¿Qué semillas traerá el viento? ¿Qué árboles se preparan para brotar de la tierra? ¿Qué florecerá la próxima primavera? Gracias a los insectos, esta esquinita de la naturaleza rebosará de vida, de olores, de colores, de cantos de los pájaros. Puede que sorprenda a un **papamoscas cerrojillo** en pleno desayuno o que sea testigo del nacimiento de una **mariposa de las Aristoloquias.**

Madera muerta: alberga el 25% de la biodiversidad de los bosques.

Aves nidificantes: estas aves construyen el nido en los árboles para reproducirse e incubar los huevos, a diferencia de aquellas que lo hacen en la tierra (como la perdiz y la codorniz) o en el agua (el nido flotante de la gallineta). Muchas especies están amenazadas debido a las actividades humanas (pesticidas, deforestación).

Hormiga maderera: hormiga negra. Las colonias de una sola reina pueden superar las 5000 hormigas obreras. Se encuentran sobre todo en el sur. A esta hormiga le encanta instalarse en la madera húmeda o en descomposición.

Zapatero: insecto inofensivo de color negro y rojo. El dibujo de su caparazón recuerda a una máscara africana. Pica las plantas y frutas (e incluso los pulgones vivos o muertos) para extraerles los jugos.

Papamoscas cerrojillo: pájaro con pico fino que caza insectos en el aire. Está en vías de extinción.

Mariposa de las Aristoloquias: magnífica mariposa de color negro, amarillo y rojo, en peligro de extinción.

/ ÍNDICE /

/ INDIA /	8
Un periódico para proteger al rey de los animales	

/ BAHAMAS / — 12
¡Se lo debemos todo a nuestro pequeño paraíso!

/ GHANA / — 16
Las bicicletas de bambú nos dan alas

/ MARRUECOS / — 20
Nuestro pueblo es lo primero

/ ESPAÑA / — 24
Cambiar nuestros hábitos para vivir mejor

/ INDONESIA / — 28
¡La basura es un tesoro!

/ BARBADOS / — 32
Coches que funcionan con aceite de cocina

/ PORTUGAL / — 36
Convertir las aceras en jardines

/ NUEVA ZELANDA / — 40
Jóvenes héroes de la naturaleza

/ BUTÁN / — 44
Hemos descubierto la clave de la felicidad

| TEXAS (EE. UU.) | 48
Ciervos en el colegio

| ITALIA | 52
Del residuo cero a la comida *gourmet*

| ALEMANIA | 56
Abejas en el hotel

| KAZAJISTÁN | 60
¿La energía del futuro? Un juego de niños

| GUAYANA FRANCESA | 64
Los guardianes de la Amazonia

| CHILE | 68
El milagro de los atrapanieblas

| TANZANIA | 72
Dejadnos madurar a la sombra de las aulas

| PAÍSES BAJOS | 76
¡A pescar plástico!

| ALASKA (EE. UU.) | 80
SOS: polluelos en peligro

| FRANCIA | 84
¿Y si la naturaleza recuperara sus derechos?

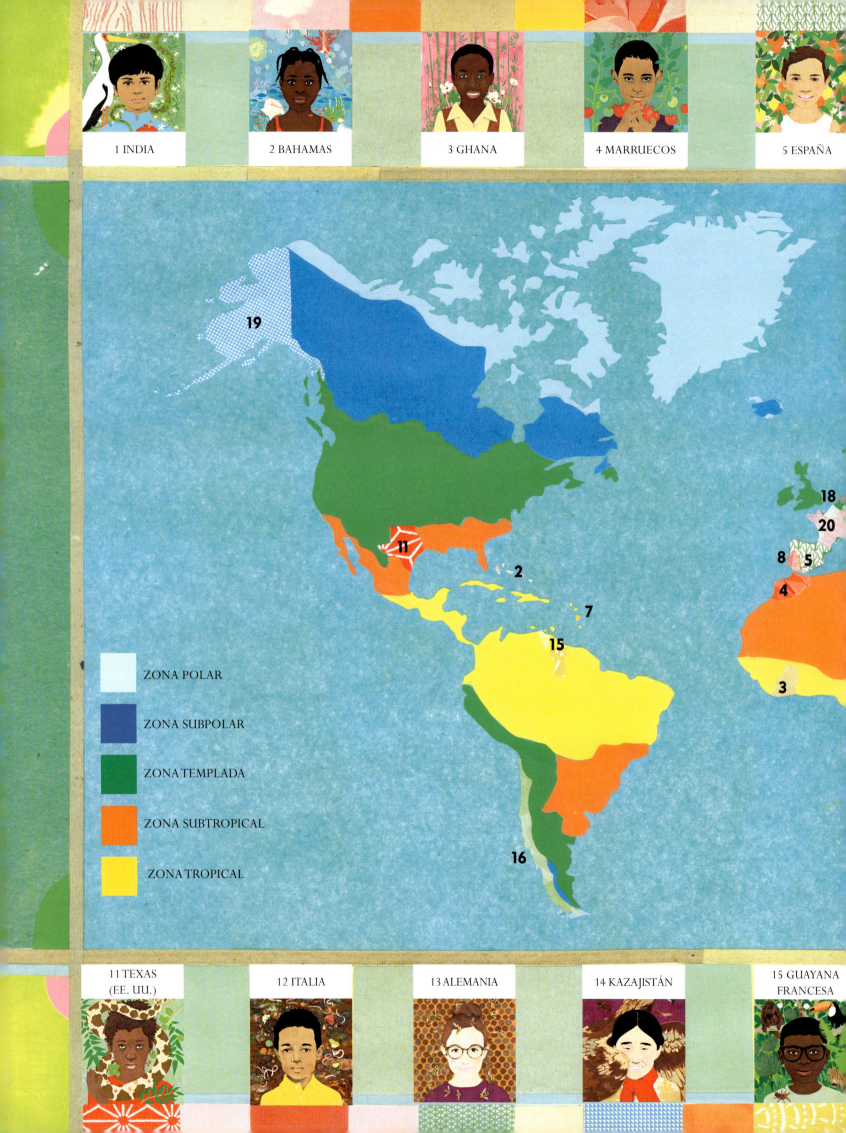